MICHEL REVON

LA POLITIQUE ÉTRANGÈRE

DU

JAPON CONTEMPORAIN

*Conférence à la Société des Anciens Élèves
de l'École libre des Sciences politiques*
10 MARS 1909

PARIS

BUREAUX DES *QUESTIONS DIPLOMATIQUES ET COLONIALES*
Revue de Politique Extérieure
19, RUE CASSETTE, 19

1909

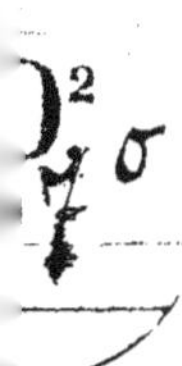

MICHEL REVON

LA POLITIQUE ÉTRANGÈRE

DU

JAPON CONTEMPORAIN

———

Conférence à la Société des Anciens Élèves
de l'École libre des Sciences politiques

10 MARS 1909

———

PARIS

BUREAUX DES *QUESTIONS DIPLOMATIQUES ET COLONIALES*

Revue de Politique Extérieure

19, RUE CASSETTE, 19

———

1909

POLITIQUE ÉTRANGÈRE DU JAPON CONTEMPORAIN

Dans cette brève causerie, où je ne puis songer à décrire par le menu toute la politique étrangère du Japon moderne, je voudrais au moins essayer de préciser l'idée directrice de cette politique, pour dissiper de vieux malentendus. En effet, les Occidentaux inclinent volontiers à croire que les Japonais sont un peuple conquérant; qu'à peine sortis de leurs guerres civiles, ils ont été trop heureux de s'illustrer en se jetant dans de grandes guerres extérieures; et que, par conséquent, leurs ambitions violentes constituent un péril pour la civilisation. J'espère vous montrer, tout au contraire, que les Japonais sont un peuple raisonnable; qu'après s'être élevés, sous leur ancien régime, à une conception de l'ordre international que nous pourrions leur envier, ils ne se sont armés que pour répondre aux menaces des nations occidentales, ils n'ont combattu que pour défendre, avec l'indépendance des régions voisines, leur propre sécurité; et que, dans l'avenir, si les autres puissances se décident enfin à traiter ce peuple comme un égal qui veut être respecté, elles peuvent compter sur lui pour fonder et maintenir la paix de l'Extrême-Asie.

On ne saurait comprendre le véritable esprit de la politique impériale actuelle sans connaître d'abord celle de l'ancien gouvernement shôgounal. Que les Japonais aient été, jadis, des hommes belliqueux, rien de plus certain : sans remonter aux luttes séculaires contre les Aïnous, premiers occupants de l'archipel, ou aux pirateries des temps primitifs sur les côtes continentales, chacun sait que, depuis le milieu du xie siècle jusqu'au commencement du xviie, la guerre civile ensanglanta le pays, tandis que Hidéyoshi couronnait cette longue période militaire par l'invasion de la Corée. Mais à ce conquérant succéda un pacifique, Iyéyas, qui, joignant au génie organisateur d'un Napoléon la modération d'un sage chinois, sut dompter la féodalité, unifier l'empire, imposer l'ordre à l'intérieur, la paix avec l'extérieur, et fonder enfin ce grand shôgounat des Tokougawa qui allait donner au Japon deux siècles et demi de tranquillité profonde. Iyéyas voulait la paix : il pensait qu'un chef d'État doit laisser les rêves de gloire pour ne songer qu'au bonheur du peuple; au besoin, il eût sacrifié sa vie à cet idéal. Un jour, invité par Hidéyoshi à un rendez-vous qui pouvait

être un guet-apens, il y alla, malgré les supplications de ses
fidèles : « Songez, leur dit-il, que la guerre a duré, sans relâche,
« pendant des générations. Enfin nous avons la paix ! Si j'entre
« en lutte avec Hidéyoshi, la guerre recommence : c'est la
« misère pour l'empire. Il peut m'arriver malheur : mais du
« moins, je mourrai pour le bien du pays. » Tel était l'esprit
d'Iyéyas. Ses descendants continuèrent sa politique ; et c'est
ainsi que le Japon, fermé et replié sur lui-même, évitant les
relations étrangères qui auraient pu inquiéter son repos, mais
ne voulant non plus chercher querelle à personne, conserva
une paix obstinée jusqu'au milieu du siècle dernier. — Or,
pendant tout ce temps, que pensaient les Japonais? Avaient-
ils compris la grande idée de leurs gouvernants, ou bien vou-
laient-ils encore la guerre? Consultons leurs auteurs. Dans la
première moitié du xvii⁰ siècle, Nakaï Tòjou écrit sur ce point
de longues pages, dont voici l'essentiel. Un disciple l'interroge
sur les rapports mutuels de ce que les Japonais appellent *boun*
et *bou*, c'est-à-dire d'une part les lettres, les fonctions publiques,
l'esprit civil ; d'autre part la bravoure, les fonctions militaires,
l'esprit guerrier. « Ces deux choses, dit l'élève, sont comparées
« volontiers aux deux ailes d'un oiseau ou aux deux roues
« d'une voiture. Mais sont-elles si différentes? Qu'en faut-il pen-
« ser? — Par *boun*, répond le maître, on entend d'habitude les
« élégances de l'art littéraire ; et par *bou*, l'habileté stratégique ;
« mais rien de moins exact. Ces deux éléments ne sont qu'une
« seule vertu, et l'un ne signifie rien sans l'autre. Le véritable
« rôle de ce qu'on nomme les lettres, c'est d'administrer un pays
« suivant les principes de la morale ; la fonction de la bravoure,
« c'est de châtier les hommes tout à fait pervers qui troublent
« cet ordre divin. L'esprit militaire n'est qu'un moyen de réali-
« ser l'esprit civil. La source de la vertu civile, c'est le *djinn*,
« l'humanité ; celle de la vertu guerrière, le *ghi*, la justice. —
« Mais alors, interrompt l'élève, littérature et tactique sont
« inutiles? — Non pas, mais secondaires. Si un sage doit
« connaître ces arts, il doit aussi apprendre leur fondement.
« — Et s'il ne peut mener de front toutes ces choses? —
« En ce cas, qu'il s'en tienne au fondement même, à l'huma-
« nité et à la justice. Le courage n'est rien sans la vertu.
« Si vous voulez étudier la vraie tactique, apprenez celle de
« l'homme charitable, qui n'a aucun ennemi dans l'univers. »
Un peu plus tard, Koumazawa Banzan, consulté sur le
point de savoir si l'on doit approuver ceux qui condamnent
la gloire des armes ou au contraire ceux qui se moquent des
partisans de la paix, répond en ces termes : « A la guerre,

« on meurt beaucoup : on n'a qu'une chance sur dix de reve-
« nir en vie; par conséquent, vouloir obtenir par ce moyen
« quelque réputation dans le monde, c'est faire un calcul
« insensé. Puis, il faut songer aux lamentations des femmes
« et des enfants des soldats : torturer des milliers d'êtres
« dans le seul intérêt de quelques-uns, pour gagner des fiefs
« ou des promotions, c'est commettre un acte détestable. Le
« vrai sage aurait beau conquérir des pays : sa conscience
« ne serait point satisfaite. Un livre chinois dit que le soldat
« ne doit pas attaquer le château sans faute, qu'il ne doit pas
« tuer l'homme innocent. Ceux qui, par le massacre, s'em-
« parent des territoires et ramassent du butin, sont de simples
« voleurs. Rien de plus criminel que de vouloir des guerres
« inutiles pour la vaine renommée qu'on en peut retirer. »
Pareillement encore, dans la première moitié du xviiᵉ siècle,
Mourô Kyousô écrit : « L'humanité dans le cœur de l'homme
« est comme la force vitale dans son corps; et de même que
« la force vitale se manifeste par le pouls, l'humanité se révèle
« par l'amour. Quand le pouls cesse de battre, l'homme meurt;
« et quand la loi de l'amour se perd, le cœur est détruit. Ainsi,
« l'humanité est la vie du cœur... La bravoure elle-même
« vient de l'humanité et sort d'un cœur pitoyable aux autres.
« La guerre, avec ses meurtres, apparaît comme une procédure
« violente; comparée à l'humanité, c'est, semble-t-il, le noir
« opposé au blanc. Et cependant, lorsqu'elle se fonde sur l'hu-
« manité, la bravoure du guerrier est un pur courage. Mais la
« chevalerie, comme l'idéal civil, ne sont vrais que s'ils sur-
« gissent du cœur même et de son humanité. » Ainsi, pour
tous ces philosophes du temps des Tokougawa, la guerre ne
se conçoit que lorsqu'elle a pour objet de promouvoir la justice, qui elle-même dérive de l'humanité, source première de
la morale; mais autant une guerre désintéressée séduit ces
âmes de justiciers chevaleresques, autant la guerre de conquêtes choque leur bon sens et répugne à la noblesse de leurs
instincts. Tous répètent à l'envi cette phrase d'inspiration chinoise qui brillait déjà dans le Testament politique attribué à
Iyéyas : « Esprit civil, esprit militaire, l'un et l'autre signi-
« fient : humanité. » Et c'est pourquoi, après les guerres d'au-
trefois, après les entreprises de Hidéyoshi, la paix d'Iyéyas leur
paraît si belle. Pour citer encore Mourô Kyousô : « L'empire
« est en paix. Depuis qu'Iyéyas, à la chevelure brossée par le
« vent, au corps oint de pluie, par une vie de labeur a fait
« cesser les troubles et prévaloir l'ordre général, depuis plus
« de cent ans déjà, il n'y a pas eu de guerre. Les vagues des

« quatre mers se sont apaisées, et les bienfaits de la paix n'ont
« manqué à personne. Parlons avec respect d'un tel gouverne-
« ment et proclamons bien haut son immense sagesse. » —
Résultats de cette politique de paix, si bien appuyée par l'élite
pensante : à la fin de l'ancien régime, les Japonais avaient
perdu tout leur antique esprit belliqueux. Les samouraï por-
taient encore, avec fierté, leurs deux sabres ; mais ils ne s'en
servaient plus, depuis longtemps, que pour trancher des querelles privées. Le peuple était si loin des vieilles idées guer-
rières que, plus tard, lorsque la conscription fut mise en
vigueur, tout le monde pleurait dans les villages. Le Japon,
une fois de plus, avait profité des meilleures leçons de la Chine,
et, comme sa grande voisine, il ne comprenait plus la lutte
sauvage entre les peuples : il ne demandait qu'une paix heu-
reuse dans la solitude cloîtrée de son archipel.

C'est à cette race tranquille, adoucie, humanisée, que les
« Barbares de l'Ouest », comme les appelaient non sans raison
les civilisés d'Extrême-Asie, apportèrent tout à coup le plus
brutal réveil. Je ne redirai pas toute cette histoire bien connue :
l'arrivée des « vaisseaux noirs » de Perry, les rudes menaces
de l'Amérique, le bouleversement où cette attaque soudaine
jeta brusquement le pays. Qu'il me suffise de rappeler la conséquence essentielle de cette série d'événements en ce qui touche
la politique extérieure, c'est-à-dire les premiers traités signés
avec les puissances de l'Occident : avec les Etats-Unis d'abord,
en 1854, puis avec l'Angleterre, la Russie, la France et nombre
d'autres nations, avec l'Autriche enfin, dont le traité de 1869,
grâce à la clause de la nation la plus favorisée, peut être pris
comme type final de ces divers documents. Le contenu de ces
traités, dont les plus importants avaient été imposés par la présence comminatoire des escadres, se ramène, en substance, à
trois dispositions : ouverture à la résidence et au commerce
étrangers des cinq ports de Yokohama, de Kôbé, de Nagasaki,
de Niigata et de Hakodaté, ainsi que d'une concession à Tôkyô,
avec faculté de voyager sans passeport dans un rayon de dix
lieues autour de ces villes ; privilège d'exterritorialité, exemp-
tant les étrangers de la juridiction japonaise, sauf, en matière
civile, quand ils étaient demandeurs ; et restriction des droits de
douane, limités en principe à cinq pour cent de la valeur des marchandises importées. Ainsi, non seulement les puissances obte-
naient pour leurs nationaux cette liberté du commerce qu'elles
avaient si vivement réclamée, et qui eût été sans contredit une
demande bien légitime si la fin la meilleure pouvait excuser
l'usage des pires moyens, mais, par surcroît, elles exigeaient

pour ces nationaux deux avantages, l'un judiciaire, l'autre
financier, dont l'un marquait assez leur conception de l'infé-
riorité japonaise, et l'autre leur dessein de tout faire pour con-
tribuer à la maintenir. Le privilège de juridiction surtout, qui
portait atteinte à la souveraineté nationale, fut une humiliation profonde pour les Japonais. Blessés dans leur fierté,
dans leur indépendance, ils furent pris d'un ardent désir
d'effacer cette page de leur histoire ; et ils comprirent aussi
qu'après leur dignité, leur existence même pourrait être com-
promise s'ils n'empruntaient à l'Occident les moyens de lui
résister un jour. Ils s'armèrent à l'européenne, et pendant
trente ans, la revision des traités fut le pivot de toute leur politique extérieure.

Cette importante question, qu'on pourrait croire de prime
abord assez simple, constituait en réalité un enchevêtrement
de difficultés presque inextricables, que la diplomatie japonaise eut une peine inouïe à dénouer. Il n'est pas de problème
qui ait fait naître, au Japon, plus de discussions passionnées,
et il faudrait une bibliothèque pour contenir les articles de la
presse indigène sur ce sujet. Voici cependant l'affaire, dans ses
grandes lignes. — Dès 1872, l'ambassade du prince Iwakoura
aux États-Unis posait le premier jalon de la revision future ;
mais le gouvernement japonais n'insistait pas pour une décision immédiate, sans doute parce qu'il n'était pas encore en
mesure d'offrir les garanties demandées pour l'abandon de l'exterritorialité, c'est-à-dire une législation et une magistrature à
l'occidentale. Néanmoins, en 1876, les États-Unis consentaient
un nouveau traité, mais avec une clause qui en remettait l'ap-
plication au jour où toutes les autres puissances auraient signé
des traités analogues. Or, ces puissances étaient au nombre de
dix-sept ; la plupart s'étaient entendues pour mener leurs négociations de concert ; et comme elles ne pouvaient guère se mettre
toutes d'accord sur chacune des modifications discutées, le problème paraissait insoluble. Cependant le Japon, à partir de 1880,
commençait à publier peu à peu la série de ses nouveaux codes ;
et il semblait étrange de refuser à ses tribunaux, à ses cours
d'appel surtout, bientôt peuplées de docteurs en droit, une juridiction qu'on reconnaissait aux magistrats des moindres répu-
bliques sud-américaines. C'est pourquoi, en 1882, l'année
même où le Code pénal entrait en vigueur, une conférence
internationale se réunit à Tôkyô, pour étudier les bases d'une
entente possible : l'exterritorialité aurait disparu, moyennant
la publication du Code civil et l'organisation de tribunaux
mixtes où vingt-cinq juges étrangers auraient siégé pendant

quinze ans. Une seconde conférence s'ouvrit, en 1886, pour arrêter le projet d'une manière définitive; mais, en 1887, les négociateurs japonais, regrettant des concessions que l'opinion publique jugeait déjà excessives, retirèrent leurs propositions, et la conférence échoua. Le seul moyen d'aboutir était de traiter séparément avec chacune des nations intéressées. En 1889, le Mexique donna l'exemple; puis vinrent les Etats-Unis, la Russie, l'Allemagne; la France allait signer. Mais, bien qu'il ne s'agît plus, à ce moment, que de quatre juges étrangers et d'un provisoire de cinq années, une opposition de plus en plus violente s'éleva; le comte Ohkouma, ministre des Affaires étrangères, eut une jambe arrachée par une bombe de dynamite; le gouvernement dut s'incliner devant la volonté populaire, et comme les traités déjà signés avec les Etats-Unis, la Russie et l'Allemagne n'étaient pas encore ratifiés, il ne resta rien de cette nouvelle tentative. L'année suivante, d'ailleurs, c'étaient les étrangers de Yokohama qui, à leur tour, protestaient en assemblée publique contre la diplomatie occidentale, coupable de vouloir sacrifier ces privilèges qu'ils appelaient maintenant leurs libertés. Le rêve du Japon n'apparaissait plus que comme un mirage fuyant quand, par fortune, en 1894, l'Angleterre libérale consentit enfin à la revision tant souhaitée. Toutes les autres nations, éclairées d'ailleurs par les victoires japonaises en Chine, n'avaient plus qu'à suivre le même chemin. La France fut presque la dernière, arrêtée sans doute par l'éternelle clameur de ces résidents des ports qui semblaient ne trouver plaisir qu'à perpétuer malentendus et querelles; mais enfin, la main ferme de M. Hanotaux signa cet acte de justice; et le 17 juillet 1899, tous les traités nouveaux entraient en vigueur. Désormais le Japon pouvait exercer la pleine juridiction sur son territoire, à l'égal des nations chrétiennes, et fixer son tarif douanier. En retour, il accordait aux étrangers le droit de voyager, de commercer, de résider librement dans l'intérieur de ce pays qu'il leur avait fermé, par une décision bien naturelle, tant qu'ils échappaient à ses lois; et s'il leur refusait le droit de propriété du sol, pour calmer les craintes illusoires du peuple qui voyait déjà tout l'archipel acheté par les millionnaires de l'Occident, il leur offrait au moins, par le droit de superficie inscrit dans le Code civil de 1896, le moyen de fonder des établissements d'une durée illimitée. Il n'en est pas moins vrai que, par ces traités, le Japon obtenait un peu plus que l'égalité habituelle, puisque les premières puissances du monde donnaient à ses sujets des droits qu'il refusait à leurs propres nationaux; les rôles étaient renversés, et les ancêtres, les vieillards qui avaient tremblé devant les canons de Perry durent être satisfaits, à coup sûr, de ce chef-d'œuvre diplomatique. C'était la juste récompense des efforts tenaces du prince Itô, du comte Ino-oué, du comte Ohkouma, de tous ces hommes d'État qui, avec le plus admirable esprit de suite, avaient concentré leur politique étrangère sur cette terrible revision des traités pendant tout le dernier tiers du xixᵉ siècle, et qui la voyaient enfin triompher avec la dernière année de ce siècle finissant.

La phase terminale de cette longue période fut compliquée par un embranchement imprévu vers un tout autre domaine, puisque le Japon se trouva entraîné, en 1894, à une grande guerre contre la Chine. On a dit, il est vrai, que s'il entreprit cette guerre, ce fut justement pour arracher aux puissances, par le prestige de la force, ce que la seule raison ne pouvait obtenir. Il est possible, en effet, que ce sentiment désespéré ait eu sa place dans l'ensemble des impressions, toujours vagues et complexes, qui poussent un peuple à de telles résolutions; mais ce n'eût pas été une considération assez puissante pour déterminer le gouvernement, habitué à plus de patience. Quels furent donc les motifs de cette grave décision? Certains ont prétendu que le cabinet avait cherché ainsi un dérivatif à de longues difficultés parlementaires. Mais, comme la Constitution de 1889 n'admettait pas la responsabilité des ministres, les hommes d'État investis de la confiance impériale n'avaient jamais été embarrassés pour adoucir les députés récalcitrants : un décret de dissolution émergeant d'une poche ministérielle suffisait, avec la perspective de nouveaux frais d'élection au cas où lecture en serait faite : nul besoin d'une guerre à l'étranger. D'autres ont soutenu que l'armée japonaise, arrivée à son plein développement, avait voulu saisir la première occasion de montrer sa puissance au monde. Que ce désir ait existé dans l'armée, rien de plus certain; mais ce n'est pas une raison pour l'attribuer, sans aucun indice probant, aux vieux gouvernants qui dirigeaient la politique générale. D'autres encore ont dit que les hommes d'affaires avaient réclamé ce conflit, pour sauver des intérêts compromis par les perpétuelles révoltes coréennes; mais le Japon n'aurait pas fait une telle guerre pour d'aussi médiocres soins. Reste l'opinion la plus répandue, d'après laquelle les Japonais auraient agi en vertu d'une ambition historique, pour s'annexer enfin cette Corée déjà conquise, suivant les antiques légendes, par l'impératrice Djinngô, au iiiᵉ siècle, puis, en tout cas, par Hidéyoshi, au xviᵉ, et qu'ils regardaient toujours comme prédestinée à leur future domination. Mais,

depuis Iyéyas, pendant deux cent cinquante ans, ils n'y avaient
plus pensé ; et en 1876, leur gouvernement, insulté par la Corée,
avait fermé l'oreille aux cris de vengeance du vieux maréchal
Saïgô, pour conclure, tout au rebours, une entente où la nation
tributaire était désormais traitée en égale. C'est donc ailleurs
qu'il faut chercher les motifs de cette mystérieuse guerre de
Chine ; et on ne les trouvera ni dans de misérables raisons de
politique intérieure, ni dans de vulgaires ambitions à l'extérieur,
mais dans un ordre d'idées autrement grave et infiniment plus
élevé. — En effet, cette guerre s'explique, tout d'abord, par un
élément original et profond de la psychologie indigène : l'esprit
d'apostolat. Si j'ai tant insisté sur les conceptions de ces philosophes de l'ancien régime qui, tout en condamnant la guerre
de conquêtes, admettaient la guerre chevaleresque, c'est parce
que ce côté trop peu connu de la pensée japonaise allait nous
donner d'avance le sens véritable de certains événements pos-
térieurs. Les Japonais, fiers de cette culture occidentale qui,
entre autres bienfaits, leur avait permis de rester indépendants,
étaient impatients de l'enseigner à leur tour aux autres nations
d'Extrême-Asie. Or, à leurs portes, était un pauvre royaume
qui, d'une condition jadis brillante, était tombé au dernier
degré d'abaissement ; un pays où la vénalité des charges publiques était la base même du budget royal, où les fonction-
naires, pour recouvrer ces avances, ne pouvaient que pressurer
les sujets, et où le peuple enfin, découragé par tant d'exactions,
avait renoncé à travailler autrement que pour gagner la nour-
riture quotidienne ; une race d'êtres déchus, avilis, abrutis par
un trop long désordre social, et dont maintenant l'état moral
était certainement inférieur à celui d'une peuplade nègre. Le
Japon voulut tendre la main à ce peuple, le relever, imposer à
son gouvernement des réformes, rendre à ce gouvernement lui-
même son indépendance en le délivrant du joug chinois, bref,
ressusciter la Corée, malgré elle et malgré la Chine, en attendant le jour où, après avoir sauvé les opprimés, il convertirait
les oppresseurs. De telles idées n'ont plus guère cours aujour-
d'hui, dans notre Europe assagie ; mais c'est peut-être en France
qu'on peut le mieux les comprendre, en se rappelant l'esprit
des hommes généreux qui, pour des motifs pareils, avec la
même horreur des choses du passé et le même violent désir de
liberté, de fraternités universelles, firent les guerres magna-
nimes de notre Révolution. Cependant, comme l'intérêt a toujours sa part dans les actes héroïques, la guerre sino-japonaise
ne fut évidemment pas une expédition de pure chevalerie. Une
autre raison d'agir fut le besoin d'assurer la sécurité du pays.

En effet, les Japonais étaient chaque jour plus inquiets en présence de l'ambition russe : sans remonter bien loin, en 1891, le lieutenant Ohhara s'était ouvert le ventre, à Tôkyô, devant les tombeaux de ses ancêtres, dans le seul dessein d'appeler sur ce danger national l'attention populaire, qui lui semblait endormie; mais le gouvernement veillait, et la menace du Transsibérien ne pouvait le laisser indifférent. Or, si la Chine, dont le Japon n'ignorait pas la faiblesse, demeurait maîtresse en Corée, c'était, à bref délai, la substitution de l'influence russe à la suzeraineté chinoise. Il était donc urgent de réaliser l'indépendance de la Corée, de la mettre en état de défense, dans l'intérêt du Japon comme dans le sien. Les deux raisons profondes que je viens d'indiquer, esprit d'apostolat, besoin de sécurité, s'harmonisaient ainsi, se confondaient en une seule, puisque la sécurité n'était possible qu'au moyen de l'apostolat. Imaginez le cœur justicier de don Quichotte uni au sens pratique de Sancho Pansa : vous aurez toute la psychologie du Japon à cette époque de son histoire. — Jusqu'à la dernière heure, le gouvernement tenta d'éviter un conflit armé; il fit tous ses efforts pour obtenir en Corée, par la seule persuasion, les réformes nécessaires. C'est seulement lorsque, d'une part, les plénipotentiaires chinois et coréens eurent bafoué leurs collègues japonais en refusant de signer, le moment venu, une entente orale enfin conclue après des négociations interminables, et lorsque, d'autre part, la Chine, rompant le traité de Tien-tsin de 1885, eut envoyé la première ses troupes en Corée, que le Japon se résolut à agir. Assurément, au point de vue moral pur, on peut discuter la légitimité de cette guerre, de cette procédure violente employée contre le peuple du monde le plus avancé dans le sens pacifique, bien que ce fût, en somme, une mesure de prévoyance qui présentait déjà un caractère défensif; mais il est bien clair aussi que, dans l'état présent des relations internationales, aucune grande puissance n'eût été en droit de jeter au Japon la première pierre. Quand nous partions en quête de la lointaine Indo-Chine, nous n'avions certes pas les mêmes raisons d'intérêt immédiat à faire valoir; tout au plus pourrions-nous en invoquer d'analogues pour l'Algérie. Or, non seulement le Japon, en 1894, ne songeait nullement à entreprendre une conquête, mais, au fond, il n'attaquait la Chine que pour la sauver avec lui, avec la Corée, du péril russe. D'avance, au delà de la guerre, il entrevoyait la paix de tout l'Extrême-Orient.

Ce que fut cette guerre, on le sait : la bataille du Yalou, la prise de Ouéi-haï-ouéi, celle de Port-Arthur étonnèrent l'Europe.

En moins d'un an, le Japon avait contraint l'orgueilleuse Chine
à demander grâce, et, dès le 17 avril 1895, par le traité de Shi-
monoséki, il obtenait d'elle, outre une forte indemnité, la
péninsule de Liao-toung. Par là, il tenait les clefs de Pékin,
et sans occuper cette capitale, sans risquer ainsi de bouleverser
tout l'immense empire, il allait pouvoir exercer directement
sur la Chine du nord son influence rénovatrice. Mais l'Europe
ne pouvait comprendre ses intentions. Dans ce grand événement, elle ne vit que deux choses : la force du Japon et la faiblesse de la Chine. La première de ces deux leçons frappa surtout
la Russie, qui, habilement sollicitée par les diplomates chinois,
prit l'initiative d'un mouvement où elle entraîna l'Allemagne
et la France : sur les représentations des trois puissances, le
Japon abandonna le Liao-toung, contre un supplément d'indemnité, Formose et les Pescadores. Mais cette intervention, qui
changeait sa victoire militaire en défaite diplomatique, et qui,
du même coup, l'empêchait d'accomplir le programme rêvé,
devait laisser des traces profondes. Quand le gouvernement se
fut incliné, quarante soldats se suicidèrent, et tout le peuple
pensa qu'un jour viendrait où leur sang serait vengé. La seconde
révélation que la guerre apporta à l'Occident, celle de la faiblesse chinoise, éveilla d'ardentes ambitions : de tous côtés, on
crut qu'il fallait se préparer à un partage de la Chine. En mars
1897, la Russie se faisait céder Port-Arthur ; en novembre,
c'était l'Allemagne qui s'emparait de Kiao-tchéou, inaugurant
ainsi, par un coup brutal, sa théorie des sphères d'influence ;
la France suivait bientôt, à Kouang-tchéou-ouan, en avril 1898 ;
et en juin, l'Angleterre enfin s'installait à Ouéi-haï-ouéi. De ces
quatre manifestations, la dernière ne pouvait déplaire au Japon,
puisqu'elle établissait, en somme, un contre-poids utile à sa
politique : l'action de la France l'inquiétait peu : celle de l'Allemagne, davantage : mais la Russie à Port-Arthur, dans cette
forteresse que lui-même, après l'avoir emportée de haute lutte,
avait cru pouvoir garder longtemps comme le point central de
sa propagande continentale, qu'on lui avait fait abandonner
ensuite, solennellement, au nom de l'intégrité chinoise, et
qu'on reprenait maintenant sans nul souci du grand principe
invoqué deux ans plus tôt, n'était-ce pas une amère et tragique
ironie ? La Russie aggravait ainsi sa récente intervention d'une
humiliation nouvelle, et jetait, pour la seconde fois, une semence
dont elle aurait plus tard à recueillir la moisson. — En attendant, fidèle à sa politique, le gouvernement japonais continuait
de travailler à l'organisation de l'Extrême-Orient. Il soutenait
la Chine contre cette Europe qui ne rêvait plus que de la voir

démembrée. Avec les États-Unis et l'Angleterre, il maintenait fermement l'idée de la porte ouverte. Car il comprenait bien que, si quelques milliers d'Européens tentaient de se partager la direction des provinces chinoises, ils n'aboutiraient, perdus au milieu de cette énorme population, qu'à fomenter la plus terrible anarchie ; et il sentait aussi qu'avec des sphères d'influence fermées, le commerce de chaque nation étrangère, exclu des provinces voisines, ne serait pas étendu, mais amoindri. Vers 1898, à un moment où toute l'Europe attendait l'effondrement dont elle espérait se répartir les dépouilles, le comte Ohkouma, alors président du Conseil, me répéta plus d'une fois que ce fameux partage lui apparaissait comme une conception folle, une véritable ineptie, imaginée sans doute par des politiciens qui prenaient l'empire chinois pour un ramassis de royaumes nègres et qui croyaient qu'on peut se distribuer ses provinces comme des territoires africains. Ainsi, ce que voulaient les hommes d'État japonais, ce n'était certes pas la dissolution de la Chine ; c'était, bien au contraire, sa consolidation, en attendant son indépendance finale. A la Chine, comme à la Corée naguère, ils ne souhaitaient qu'un prompt relèvement ; à l'une comme à l'autre, ils conseillaient les réformes qui, dans un même péril, avaient été leur propre salut ; et lorsqu'éclata, en 1900, l'insurrection des Boxeurs, si les Japonais marchèrent sur Pékin avec l'expédition internationale, ce fut, avant tout, pour mettre fin à un état de désordre qui, comme la révolte de Satsouma chez eux, pouvait compromettre l'œuvre commencée et retarder encore le réveil futur.

L'Angleterre observait tous ces événements avec une attention de plus en plus clairvoyante. Au début, il est vrai, elle avait fait fausse route. En accordant au Japon son nouveau traité à la veille même de la guerre, elle avait cru le retenir par les liens d'une étroite reconnaissance ; et dès lors, pensant avoir elle-même les mains libres, elle n'hésita pas à se ranger du côté de la Chine, c'est-à-dire de la précieuse vache à lait qu'elle craignait de voir endommager. Dès l'origine du conflit, lord Rosebery proposait aux puissances de l'arrêter par une intervention commune ; puis, l'escadre anglaise suivait les opérations de manière à entraver la flotte japonaise : un matin, devant Ouéï-haï-ouéï que celle-ci allait surprendre, l'amiral Freemantle, sous prétexte de saluer le pavillon de l'amiral Itô, faisait tirer des coups de canon qui prévenaient les Chinois endormis ; si bien qu'après la prise de Port-Arthur, quand l'amiral anglais, visitant la citadelle, demanda à son collègue japonais quelques armes chinoises en souvenir de cet exploit, l'amiral Itô lui offrit,

avec un sourire discret, des fusils de marque anglaise. Mais dès
que l'Angleterre vit le Japon victorieux, elle vira de bord, et,
oubliant les Chinois, pensa tout de suite à se ménager l'amitié
de cette jeune puissance. Cependant, les Japonais n'inclinaient
guère dans ce sens. Ils n'avaient pas oublié l'attitude altière de
sir Harry Parkes, représentant de l'Angleterre à Tôkyô pendant
les vingt premières années du nouveau régime ; d'une manière
générale, ils n'aimaient guère le caractère britannique, trop
froid et trop intéressé à leurs yeux ; la signature même du
traité de 1894, qui ne devait entrer en vigueur que cinq ans plus
tard, était apparue à beaucoup d'entre eux comme le don déri-
soire d'un « gâteau en peinture ». En revanche, la France
leur plaisait, d'instinct. C'était à des Français qu'ils s'étaient
adressés, de préférence, pour l'organisation de deux services
importants : la justice, condition même des nouveaux traités,
et l'armée, dont M. le général Lebon, membre de la mission
militaire qui partit là-bas dès le début de l'ère nouvelle, vous
parlera tout à l'heure avec la double autorité d'un technicien
dont s'honore le Conseil supérieur de la guerre et d'un témoin
direct des événements ; puis, l'esprit français, si proche parent
de l'esprit japonais lui-même, séduisait ce peuple ami de
la finesse intellectuelle, des sentiments généreux, des arts ;
enfin, ils savaient qu'à certains moments, la France leur
avait prouvé sa sympathie, et que, par exemple, quand l'amiral Tyrtoff, commandant l'escadre russe, avait eu l'étrange
pensée de s'illustrer, au lendemain d'un traité de paix, en tirant
sur leur flotte épuisée par ses victoires, l'amiral de Beaumont
lui avait refusé très nettement son concours. Si la France, de
bonne heure, avant cette guerre où elle se vit amenée à une
malheureuse intervention, avait su, d'une part, profiter de l'af-
fection japonaise, d'autre part faire comprendre à la Russie les
dangers de son énorme ambition, elle se fût donné le beau rôle
d'arbitre entre le Japon et son alliée, et, en remplaçant d'avance
le simple accord de 1907 par une alliance autrement grandiose,
elle se fût épargné bien des inquiétudes au sujet de son domaine
colonial. Non pas que le Japon ait jamais songé à nous prendre
l'Indo-Chine. Que son état-major ait envisagé l'hypothèse d'une
guerre où quelque conséquence imprévue de l'alliance russe
nous aurait entraînés, et qu'il ait étudié, en vue de ce cas
précis, les moyens de nous atteindre au point vulnérable, rien
de plus naturel : mais entre ces précautions d'ordre défensif et
un projet d'agression, il y a une différence. Au point de vue
politique, le Japon ne pouvait désirer l'Indo-Chine, trop éloi-
gnée de son champ d'activité ; au point de vue économique, il

n'avait pas besoin de conquérir ce grenier à riz, parce qu'il
était plus simple et moins coûteux d'acheter du riz que de faire
une campagne pour acquérir le grenier lui-même. En somme,
la meilleure défense de l'Indo-Chine, c'était l'amitié japonaise ;
et une alliance proprement dite eût été le vrai moyen de ne
jamais perdre cette amitié. Dès 1884, le Japon nous avait fait
des avances en ce sens ; même après la guerre et l'intervention,
des hommes d'Etat éminents songeaient encore à une alliance
russe ; et plus tard, quand le prince Itô vint à Paris, au cours
de son grand voyage, peut-être n'était-ce pas seulement pour
des raisons de santé. Mais enfin, la France ayant laissé échapper
cette occasion magnifique, le Japon signa avec l'Angleterre le
traité d'alliance du 30 janvier 1902, prolongé et renforcé en
1905. Par cette alliance, le Japon assurait à l'Inde anglaise la
protection qu'il eût pu donner à notre Indo-Chine. Pour l'avenir, l'intégrité de la Chine était garantie contre toute agression.
Les deux grandes puissances devenaient, en fait, seules maî-
tresses des mers d'Asie, dont elles se partageaient l'empire : au
Japon, les eaux d'Extrême-Orient ; à l'Angleterre, l'Océan Indien ;
tandis qu'entre ces domaines particuliers, Singapour serait le
point de concentration commun, le nœud de l'union navale.
Mais, à la différence des sphères d'influence terrestre imaginées
par l'Allemagne, ces sphères d'influence maritime ne mena-
çaient personne ; et en s'engageant avec l'Angleterre à maintenir la paix de l'Extrême-Orient, le Japon ne faisait qu'affirmer
une fois de plus l'idée directrice de sa politique.

J'arrive au grand événement qui se produisit entre ces deux
traités d'alliance, et qui, aidé par le premier, devait préparer le
second : je veux dire la guerre russo-japonaise. Cette guerre,
plus importante que la précédente aux yeux des Européens,
nous retiendra pourtant moins longtemps, parce qu'elle ne
présente rien de nouveau au point de vue de la psychologie
politique. Si la Russie, qui maintenant s'était installée en Mandchourie sous prétexte d'une occupation provisoire, en arrivait
à annexer ce pays, et si, par surcroît, elle étendait ses empiète-
ments jusqu'en Corée, c'en était fait de l'intégrité chinoise
comme de l'indépendance coréenne. Dès lors, le Japon serait
resté la seule terre libre de l'Extrême-Orient, en face d'un immense empire qui, fatalement, à en juger par toute son histoire, aurait été tenté de l'envahir à son tour. Ainsi, même
situation qu'avant la guerre sino-japonaise, et, par suite, mêmes
motifs d'agir, avec cette différence seulement que la situation
s'était étrangement aggravée et que, le motif d'apostolat deve-
nant bien secondaire devant l'imminence du danger russe, le

motif de sécurité passait désormais au premier plan. La Russie avançait, obstinée, insatiable, absorbant sans relâche territoires sur territoires, ne voyant de fin à ses appétits que lorsqu'elle n'aurait plus rien à conquérir ; au bout de son chemin se trouvait un pays dont le sol inviolé portait une race intelligente, énergique, désireuse de tranquillité, mais résolue à ne plus permettre qu'on vînt la menacer ou inquiéter les voisins dont elle se regardait comme la protectrice ; il était évident que, si la Russie n'arrêtait pas à temps sa marche vers l'Est, elle aboutirait à une collision, et sa conduite antérieure ne laissait guère espérer cet acte de tardive sagesse. Pour ma part, je puis dire, sans vouloir m'enorgueillir d'une clairvoyance bien facile, que j'avais annoncé cette guerre six ans avant qu'elle n'éclatât : dès 1898, en effet, j'avais prédit que le choc ne pourrait être évité, à moins d'un changement de toute la politique russe ; qu'à en juger d'après l'époque prévue pour l'achèvement du Transsibérien et des nouveaux programmes d'armements japonais, il se produirait sans doute vers 1906 (je me trompais de deux ans, la construction du chemin de fer ayant été précipitée, et le Japon ayant dû hâter en conséquence ses préparatifs) ; enfin, que le Japon pourrait sûrement défendre avec succès son indépendance nationale (car si, mieux informé de l'organisation japonaise que de l'anarchie russe, je ne prévoyais pas pour lui une guerre sans aucune défaite, je croyais cependant à son triomphe final). — En 1903, le premier express de Moscou arrivait à Dalny ; bientôt, l'aventurier Bézobrazoff allait empiéter sur la région même du Yalou : le moment était venu d'aboutir à des explications décisives. Au mois de juillet, le gouvernement japonais proposait à la Russie une solution pacifique : les deux nations se seraient engagées à respecter l'indépendance de la Chine et de la Corée, où elles auraient laissé le champ libre au commerce des autres pays. La Russie répondit par des moyens dilatoires, par de vagues négociations dont la lenteur contrastait singulièrement avec la diligence de ses préparatifs militaires. Cependant le cabinet de Tōkyō et son représentant à Saint-Pétersbourg maintenaient leurs avances avec autant de fermeté que de patience et de tact ; je ne puis insister sur ce point devant Son Excellence le baron Kourino, qui fut ce représentant, et je me contente de vous renvoyer à la correspondance diplomatique. Si le Japon avait désiré la guerre, il l'aurait faite dès l'automne, avant que l'adversaire eût eu le temps de s'organiser. Mais il ne voulait pas désespérer : et durant six mois, bravant la colère de tout un peuple exaspéré, le gouvernement s'acharna à offrir son projet d'entente. Quand il comprit enfin l'impossibilité de faire admettre un accord qui était pourtant la raison même, il dut se décider à commencer la guerre, en février 1904. Aussitôt, la Russie lui reprocha de l'avoir attaquée sans déclaration solennelle, bien que cette formalité, qu'elle-même avait négligée en maintes rencontres, notamment lors de la guerre de Crimée, et qu'elle ne pouvait exiger dans l'état douteux du droit international, ne parût guère utile après la note si nette qui mettait fin à une vaine correspondance et dont les conditions mêmes de la rupture éclairaient assez le sens. En fait, pour quiconque ne se laisse pas détourner, par des arguties de forme, du fond essentiel d'une question, il est bien évident que, dans cette lutte, analogue à celle où l'Angleterre se plaignit d'avoir été assaillie par le Transvaal, la Russie conquérante était le véritable agresseur, la cause active de la guerre, et que le lointain Japon, menacé par elle au fond de l'Extrême-Orient, se trouvait en état de légitime défense. Il est manifeste aussi que ce débat, étranger à toute question de race ou de religion, ne comportait aucune haine de la prétendue barbarie jaune contre la civilisation blanche de la chrétienté. En réalité, pour tout esprit impartial, ce que représentait la Russie, c'était l'autocratie, la corruption administrative, l'ignorance populaire, l'intolérance religieuse, et, par un prolongement naturel de cet état intérieur dans le domaine international, l'esprit de conquête, d'exploitation, de protectionnisme; ce que le Japon représentait, au contraire, c'était la monarchie constitutionnelle, l'honnêteté dans les fonctions publiques, l'instruction obligatoire, la liberté de penser, et, comme conséquences non moins normales de cette civilisation supérieure, l'esprit de justice dans les rapports avec les autres puissances, la bienveillance envers les voisins moins avancés et la liberté commerciale pour tous. Par conséquent, ce qu'eût signifié un triomphe russe, c'eût été l'écrasement du seul peuple qui incarne là-bas notre propre idéal, l'extinction de cette jeune lumière dont le rayonnement propageait déjà notre influence intellectuelle, l'obscurcissement sur toute l'Asie orientale; et ce que signifia la victoire du Japon, rendue plus belle encore par la modération dont, après Moukden et Tsoushima, il sut faire preuve à Portsmouth, ce fut, avec le salut d'un noble pays, qui avait certes assez souffert pour mériter cette revanche, le remplacement d'une politique de conquêtes territoriales par un système d'éducation pacifique, d'un désordre inquiétant par une tranquillité permanente, de frontières jalouses par une porte ouverte, c'est-à-dire un succès pour la civilisation, pour l'humanité en général.

La Russie refoulée dans son domaine antérieur, où son désastre même a d'ailleurs semé les germes de la rénovation bienfaisante que lui souhaitent tous les esprits libéraux ; les autres puissances d'Europe abandonnant, à sa suite, leurs installations précaires en Chine ; l'Angleterre enfin assurant dix ans de paix à son alliée, il semble que le Japon soit au bout de ses peines. Mais déjà on entend parler de nuages noirs qui s'amoncelleraient sur le Pacifique, et, comme de coutume, on prête aux Japonais des intentions conquérantes. Reste donc à dire un mot de leur politique envers les Etats-Unis. — Cette politique est claire : depuis longtemps, les vieilles injures sont oubliées, au point que les Japonais érigent un monument à Perry pour le remercier de l'utile contrainte qui les fit entrer dans l'assemblée des nations ; bien plus que l'Europe, l'Amérique a été l'éducatrice morale de ces élèves excellents, qui lui en gardent une vraie reconnaissance : et dans les difficultés extérieures, elle n'a cessé d'accorder à ces protégés dont elle est fière le patronage le plus bienveillant. Aussi, quand les Etats-Unis, pris à leur tour du désir de jouer un rôle en Extrême-Orient, annexent Hawaï, puis les Philippines, le Japon les laisse faire, sachant que ces possessions, auxquelles il avait pourtant songé aussi, se trouveront au moins en des mains amies ; et bientôt, les regrets qui pouvaient lui rester sont effacés par cette chaude sympathie américaine qui l'encourage et le suit pendant toute la guerre russo-japonaise. Loyauté, bon vouloir, patience à toute épreuve, telles sont les qualités que montre encore le gouvernement japonais devant les procédés de la Californie : du moment que le président Roosevelt désapprouve ces provocations locales, le Japon les pardonne, détourne ailleurs le courant d'émigration qui en a été la cause, renonce en fait aux droits que lui confèrent les traités. Si le Japon entrait maintenant en guerre avec les Etats-Unis, il aurait bien vite les Philippines, et, dans cette lutte navale, il détruirait sans doute une flotte qui, si elle égale à peu près la sienne au point de vue matériel, ne la vaut pas comme personnel militaire ; mais ensuite, à coups de milliards, le duel reprendrait, sans fin. Comment supposer que les Japonais, pour de lointains incidents qui ne menacent aucun de leurs intérêts vitaux, puissent se jeter d'un cœur léger dans une aventure aussi formidable ? Comment croire qu'ils veuillent perdre ainsi l'amitié précieuse de la seule puissance qui les ait toujours soutenus ? Comment admettre un seul instant, chez ce gouvernement pondéré, la pensée de se tourner justement contre l'un des deux champions qui protègent son propre idéal, contre ces adversaires du

démembrement chinois, ces avocats du libre commerce, ces
partisans résolus de toutes les causes pour lesquelles il a lutté
jusqu'ici, et dont la défense a fait de l'entente cordiale avec les
Américains, comme de l'alliance formelle avec les Anglais, les
bases même de sa politique ? Des esprits sérieux pensent, il est
vrai, que, le canal de Panama terminé, l'Amérique elle-même
pourra être amenée à prendre l'offensive contre le Japon acca-
pareur des débouchés qu'elle convoite. Mais les Japonais ne
songent nullement à fermer cette porte qu'ils ont ouverte. Si,
en fait, nous les voyons réussir mieux que d'autres dans l'en-
treprise des lignes de navigation et des voies ferrées, dans
l'exploitation des terres, des mines et des forêts, dans l'extension commerciale, dans tous les champs d'activité que leur
offrent la Corée, la Mandchourie et l'immense marché chinois,
c'est que la proximité géographique les place nécessairement
dans une situation privilégiée : mais les Américains, par la
qualité de leurs marchandises et la supériorité de leurs méthodes,
ont des avantages aussi à mettre en jeu contre ces rivaux qui
sont, en général, des négociants bien médiocres : il y a place
pour tous quand il s'agit de pourvoir quatre cent millions de
clients. Je ne crois donc pas à une guerre possible entre le
Japon et les Etats-Unis, surtout depuis que, par leur accord
de novembre 1908, les Etats-Unis ont pris avec le Japon ces
engagements de confiance mutuelle, de conservation chinoise,
de libre trafic qu'il proposa en vain à la Russie ; et je pense
que si le Japon, qui ne songe plus qu'à la paix, qui réduit ses
armements, qui évite avec soin toutes les causes de conflits,
devait être entraîné à quelque guerre nouvelle, ce serait bien
plutôt contre la Russie elle-même, au cas où, non contente
d'avoir conservé, si près de l'archipel voisin, Vladivostok avec la
moitié de Sakhaline, elle oublierait tous les enseignements du
passé et voudrait reprendre un jour sa politique de conquêtes.

J'ai essayé de vous montrer clairement, à travers les com-
plexités d'un demi-siècle d'histoire, la remarquable unité de
vues qui a dirigé la politique étrangère du Japon. C'est d'abord,
à la racine même de ce développement, l'esprit de paix et de
justice que nous avons constaté sous le shôgounat fondé par
Iyéyas. Puis, quand, de ce terroir, une jeune tige impériale
émerge et monte à la lumière, c'est la défense flexible contre
des attaques brutales, la croissance lente d'un arbre dont la faiblesse première se transforme peu à peu en vigueur, qui,
patiemment, s'élève, fait éclater les entraves dont on l'avait
enserré à l'origine, répare les blessures qu'il avait subies,

devient l'égal des géants de la forêt. Enfin, après une dernière tourmente affrontée avec courage, c'est l'apaisement, l'épanouissement tranquille, l'extension des branches qui s'élancent d'un tronc désormais sûr de sa force, et qui protègeront le sous-bois. La morale à tirer de cette élévation du Japon à la hauteur des grandes puissances, c'est que cette race jaune dont il est issu, et qu'il a prise sous sa tutelle, ne saurait supporter plus longtemps nos dédains. Au lieu de critiquer violemment le Japon pour des ambitions qu'il n'a jamais eues, ou d'admirer son dernier essor avec une surprise ignorante de sa culture deux fois millénaire, tâchons seulement de le comprendre, et, s'il se peut, de l'imiter. L'Occident a appris au Japon bien des choses; mais il peut recevoir de lui une grande leçon. Que l'Europe continentale suive sa politique, comme ont déjà fait les Etats-Unis, puis l'Angleterre, défenseurs avec lui du véritable progrès. et que. comme eux, elle laisse le champ libre à son action dans le domaine normal où il rêve d'en propager les principes; que, dans le reste de la Chine, elle renonce pour jamais aux conquêtes territoriales, mais qu'elle aborde cette vieille civilisation avec la déférence qu'on lui doit, avec la sympathie foncière qu'elle mérite ; que la France envoie là-bas des éducateurs, des savants, des médecins, des légistes, des missionnaires laïques qui, apportant notre science, c'est-à-dire le seul élément de la culture occidentale que les Chinois puissent estimer, seront les bienvenus, et, mieux que les soldats ou les apôtres religieux, ouvriront la voie au commerce ; bref, que notre pays se décide enfin à pratiquer les idées dont il s'enorgueillit sur ses monuments, qu'il reconnaisse à la Chine sa liberté de nation, qu'il la traite en égale et qu'il lui tende une main fraternelle. Ce sera la réconciliation de l'Occident et de l'Orient, de ces deux moitiés du monde qui ne se sont combattues que faute de se bien connaître ; et en nous convertissant ainsi à la paix, par respect de la plus simple justice, nous répondrons noblement à cette question que posait naguère, en des vers douloureux, l'empereur du Japon lui-même : « En « cet âge du monde où. dans l'univers entier, nous nous « croyons tous frères. pourquoi faut-il donc que la tempête « s'élève encore avec tant de fureur ? » »

Yomo no umi
Mina hara kara
To omoou yo ni..
Nado nami kaze no
Tachi-sawagouran ?

PARIS. — IMPRIMERIE LEVÉ, RUE CASSETTE, 17.

www.ingramcontent.com/pod-product-compliance
Lightning Source LLC
LaVergne TN
LVHW012156170726
843503LV00009B/4204